ORACIÓN DE LA LLUVIA

Un jurado compuesto por

Amalia Bautista, Carmelo Guillén Acosta,
Julio Martínez Mesanza, Enrique García-Máiquez,
Eloy Sánchez Rosillo y *Aurora Luque*

concedió a este libro
el PREMIO ADONÁIS 2025

CARMEN MARÍA LÓPEZ

ORACIÓN
DE LA LLUVIA

ADONÁIS

700

EDICIONES RIALP

Madrid

Estugraf S. L. – Ciempozuelos (Madrid)

A Carmen Lucía,
que me prestó el hilo de la lluvia...

Cae o cayó. La lluvia es una cosa
que sin duda sucede en el pasado.

BORGES

El cuerpo es un vehículo que nos arrastra
hacia el pasado. Hoy me condujo
al lago de mi infancia.

NATALIA LITVINOVA

ÍTACA

CUANDO vuelvas al lago de tu infancia
pide que la memoria no te falle.

Que mucho hayas amado aquella vida
y el cuerpo que te impulsa hacia el pasado.

Escucha en el rumor del agua antigua
tus raíces, la voz de tus abuelos.

Basta que te detengas un segundo:
que no persigas cantos de Sirena.

Todo lo que has amado vive ahí:
los juegos infantiles, tus rodillas
y esa molesta piedra en tu zapato.

No invoques a la Musa: solo mira
el lago al que te arrastran tus recuerdos.

Adorarás el brillo de aquel tiempo:
tú te llamabas *Carmen* y aún te llamas
Carmen canto. Un poema
dirá que fuiste niña aquellos días.

LO DIVINO

DOMINÓ

Entre el cielo y la tierra existe un vínculo
al que estoy invitado.

BASILIO SÁNCHEZ

No hay nada pequeño en esta vida
sino pupila
que aún no se acercó lo suficiente.

CARMEN PALOMO PINEL

Que cuidar es mirar.
Que lo bello es difícil
porque nunca descansa.

RAMIRO GAIRÍN

LO DIVINO

NO es fácil acercarse a lo divino.
Algunos no ven casi nunca nada,
mas sé que lo divino está muy cerca.
No el cielo, en las nubes: más abajo.
Basta solo mirarlo con ahínco,
detener nuestros párpados curiosos
en lo oscuro del mundo, abrir pupilas
a toda la belleza. No se ve
pero buscarla debe cualquier hombre,
excavar en su propia arqueología,
hundirse en los resquicios de la tierra,
enraizarse en las capas subterráneas
de un ayer que en instantes pareciera
biografía callada y nada más.

Decirse solamente:
una vez fui mortal y, sin embargo,
atisbé lo divino. El sol, las hojas
muertas entre el verde, la memoria,
las cantatas de Bach y el plenilunio,
los poemas de Adam Zagajewski,
Marilyn Monroe, el cine de Haneke,

y esos cuadros de Rembrandt donde toda
la luz está en un ángulo secreto,
tenebrismo apenas en los ojos.

No es fácil acercarse a lo divino.
Casi nadie lo ve, se nos oculta
entre oropeles, bagatelas, cuentos,
y lo perdemos siempre al detenernos
a escuchar nuevos cantos de Sirena.
Pero a veces y no se sabe cómo
lo divino se asoma a nuestra vida.
No consiste en abrir la puerta pronto
sino en cerrar con llave el corazón
y a la misma vez cerrar los ojos
como el monje en silencio. Entonces llega
una música clara y tan lejana
y ateridos de frío asistimos
con furia al prodigio y bailamos
esa danza sencilla de vivir.

Lo divino es la luz que ahora nos baña
entre la claridad del mes de marzo.
La hija que ha nacido y ahora duerme
mientras tú con amor velas su sueño.
Lo que intuyes saber y nunca sabes.
Lo que nunca supiste ni es certeza.
Lo que tal vez mañana entre la lluvia
te dicte la poesía en oración.

ESCRIBIR Y LLOVER

ESCRIBIR después de la lluvia.
Preguntarse qué luz despierta ahora.
Por qué ha venido a ti quién te regala
tanta piedad, esta copa de ternura.
Y cerrar el cuaderno o el paraguas.

POEMA DE LOS DONES

GRACIAS quiero dar al laberinto
de causas y efectos de este mundo
por tan ilimitados bellos dones:

Por la luz y la sombra, la tierra y el mar.
Por los cuerpos celestes y los niños amados.
Por la vida otra vez cada mañana.
Por la sangre en los ríos de las venas.
Y el aire de todos los pulmones.

Por las madres, hilanderas del mundo.
Por la filología, que es pasión.
Por todas las placentas de la tierra.
Los parterres, también los cenotafios,
la lumbre y el cordón umbilical.

Por aquellos que tanto se quisieron:
Albert Camus y María Casares.
Ingrid Bergman y George Sanders en *Viaggio in Italia*.
Por la *Muerte en Venecia* y el *Doctor Fausto*.
Por *recuerde el alma dormida,*
avive el seso y despierte.

Por Sayat-Nová y el color de la granada.
Por todos los sufrientes de la Biblia.
Por la mitología y sus enigmas.
Por el laberinto de Ariadna.
Por el azul cian y el Yves Klein,
el azul prusia y el cobalto.
Y así infinitamente una escalera
y peldaño a peldaño sorprenderme:
cantar desde mis ojos, ser pupila.

EL LENGUAJE DEL AGUA

LA piedad está en la lluvia: si la miras
despacio, si detienes relojes
del mundo y solo miras esta lluvia,
esta que cae ahora, arrecia y barre
la vida con su canto humedecido,
esta que lava en su misericordia
la herrumbre de las cosas,
esta que habla el lenguaje de los muertos
y te dice palabras y al decirlas
orea el aire vivo y nutre de agua la tierra,
esta que huele a luz recién nacida
y es hermosa cayendo, hermosa y vertical…

La piedad está en la lluvia.
La piedad es el lenguaje del agua.

JOHANN SEBASTIAN BACH

DICE Adam Zagajewski en un poema
que Bach en sus cantatas y pasiones
habló con el Señor.

¿Qué misterio en la música
se expresaría sobre el pentagrama,
el hilo negro de la partitura?

1735: pienso en Bach en su estudio
ya no está la mujer ni están los hijos
una vida talada y, sin embargo,
las formas del sonido ahora elevan
al cielo al fin su corazón cansado.

Pienso en Bach que a su vez pensaría:
Esta música es mi ofrenda al mundo.
No la puedo escuchar sino en lo hondo,
allí donde está Dios, donde me habla.

Pienso en la Partita para violín solo n.º 2.
Tristeza y alegría impetuosa.

Bach entrando en la cueva de la noche.
Bach en tono menor, tal vez insiste:
Música, en ti hallo lo ignoto.

CÉSAR VALLEJO, CEMENTERIO
DE MONTPARNASSE

LLUEVE sobre París busco tu tumba:
cementerio de Montparnasse.
Encontré mucho antes a Brancusi.
Y también di con Sartre y de Beauvoir.
Y vi a Baudelaire vi tantas tumbas
anónimas cerúleas desgastadas
y caminé para llegar a ti
y la lluvia escondía una plegaria.

Escribir es llover: dar en ofrenda.

¡LUZ, MÁS LUZ!

CUENTAN que Goethe antes de morir
exclamó: *¡Luz, más luz!*
Es como si la muerte destilara
hebras de sol entre la agonía
y apagarse despacio. Así lo vio
el hombre que escribiera un día el *Fausto*.

COLLIOURE, 1939

DICE el poeta: *Estos días azules*
y en ellos vive el mar y la memoria.
Y este sol de la infancia: en su voz
cifra un mensaje así en una nota
perdida y luego hallada en su gabán.

Era Collioure y había que despedirse:
No volveré a aquel patio de Sevilla.
Nada de un huerto claro, el limonero.
Solo aquí digo adiós a tantas cosas.
¿Dónde está, qué se hizo de la infancia?

CAPILLA SIXTINA

SU luz no es de este mundo. ¿Qué colores
para pintar la piel de Dios
o la mano de Adán y que parezca
no un retrato sino cuerpo y vida?

Te miré tantas veces. Me detuve
elevando mi cuello hasta tu altura
y nunca pude ver sino milésima
parte del misterioso orden del mundo.

¿Qué sentiste, maestro Buonarroti?
Besaría tus manos. En ofrenda
sobre tu tumba un ramo de violetas
o tal vez lirios blancos. Me diría:
La vida es del tamaño de un pincel.
En ella cabe todo: lo divino y lo humano.

QUÉ ALTA ESTA PUPILA

PORQUE el tiempo es un búcaro en mis labios.
Porque nunca sabré si hay laberinto.
Ni quién soy ni si soy Ariadna
si Naxos existió o es inventiva.

Porque yo es la ternura y es el barro.
Y jamás un pronombre.

Porque extirpé las cuerdas vocales
de todas las Sirenas y a su mástil
amarré las palabras.

Porque hice enmudecer a la poesía.
Y porque al acallarla le di vida.

Por eso leo el idioma, el código cifrado
de tu piel y aún me ciego
de tanta luz qué alta esta pupila.
Amar el mundo así. Qué desmesura.

LO PEQUEÑO

El poeta es el hombre arrodillado.

BASILIO SÁNCHEZ

ESCRIBO de rodillas, genuflexa,
para escuchar el canto de las cosas
pequeñas esas cosas tan sutiles
que están ahí tan solo y nadie explica.

Nadie habla de ellas:
la luz, el aire, el cielo,
la oración de la lluvia.

BORGES SE EQUIVOCA

HOY es mágico el mundo: las estrellas
velan el sueño dulce de los vivos.
Hay piscinas azules, bibliotecas.
Las lámparas se encienden en la noche
y leo las historias de lo antiguo.

Miro el pelo dorado de mi madre,
hilatura de sol. Y me conmueven
las arrugas pequeñas de sus manos.

Sé nombrar la infancia, esa palabra.
Pronunciarla despacio y en los ojos
me brota la alegría de existir
y un pájaro en pretérito imperfecto.

Excavo el fondo de mi corazón.
Y venero vivir. Tener pulmones,
respirar doce veces por segundo.

Y sé que es imposible aunque quisiera
guardar en algún frasco de perfume
el olor de mi hija. Capturarlo.

El mundo es un acuario misterioso:
adoro nadar ahí.

GRAMÁTICA ESTRUCTURAL

LO que sé de gramática es un cuerpo
partiéndose en dos, una libreta
donde mirar el mundo.

Escribir es oficio de agua.

JARDINERÍA

LIMPIA el barro despacio. Orea la tierra
del lenguaje para que crezcan ramas.

Duda siempre: ahí está el poema.

APUNTE

APENAS la escritura, un puñado de polvo.
Un temblor o trinar como de pájaro.
Una gota de lluvia en la garganta.

SANTA CROCE
(Florencia, 27 de abril de 2024)

FLORES húmedas de Santa Croce
tiernas flores
alicaídas
cóncavas
abovedadas
flores que estáis preciosas
sobre la tibia hierba
del claustro gótico de Santa Croce
inenarrables flores
dejad que os ofrezca
la mirada de un niño en una copa de lluvia
las lágrimas azules de algún ángel de piedra.

LO HUMANO

Casa, lugar, habitación, morada:
empieza así la oscura
narración de los tiempos.

José Ángel Valente

[...] la infancia
tiene algo de sepulcro.

Carmen Verde Arocha

La familia es el primer dolor.

Julio Tizzani

LA FAMILIA

LA familia es un bosque: te adentras,
caminas a través y tienes miedo.

En él te pinchan ramas, te tropiezas,
hay zarzales y sangras pero insistes,
reposas a la sombra de la infancia.

Pedregoso el sendero, la molicie
de un mundo que has regado y, sin embargo,
tantas veces descubres derruido.

Detente y mira ahora: se ha hecho oscuro.
Pero no desfallezcas:
este bosque es tu cuerpo y te habla.

LA MATERIA HUMANA

Mi desolado tema es ver qué hace la vida
con la materia humana.

JOSÉ EMILIO PACHECO

EN el principio había la carne tibia
el corazón airoso un sol de plenitud
la palabra primera el universo todo
un racimo de estrellas
la creación el dibujo de un niño
líneas tenues de tiempo árboles casas.
Y después qué pasó que nos cortaron
las ramas y caímos a no sé qué lugar
y en no sé qué río
y surgió la noción del tiempo
y qué disparate
eso de que exista
un objeto redondo
y a qué sus manecillas
qué miden
qué mensuran

qué balanzan
girando a la derecha sin pararse
planetas orbitando
y a qué vinieron luego
el cómputo los años
para qué nos tasaron
los segundos minutos
las horas las semanas
y para qué los meses
agrupad cuatro semanas
y tendréis un mes
multiplicad por doce
he aquí un año
y los mapas las delimitaciones
allí donde no llegaremos nunca
para qué todo eso
para qué
si vivir era el vuelo de un pájaro
el olor a tomillo el resbalar del agua.

Desde entonces
escribo para ver qué hace la vida
con la materia humana.

VARIACIONES EN TORNO
A UN POEMA DE CHUS PATO

SI me preguntas: *¿Ves fantasmas?*
La respuesta es: *No.*
La respuesta es: *La poesía teje en mí un lenguaje
    para los difuntos.*
Les digo: estáis aquí.
No os veo pero a veces la respuesta no es
por qué no os veo
sino por qué os sigo viendo
con el ojo interior.

La respuesta no es: *Una vez vi fantasmas
y hablaban con la voz de mis abuelos.*

Los miré y les dije:
La vida algunas tardes es dulcemente triste.
Pero no dije nada y pensé:
la herida nos precede.

Si me preguntas: *¿Ves fantasmas?*
La respuesta es: *No.*
La memoria edifica en mí

una casa con cuatro habitaciones
para hablar con los muertos.

Allí en ningún lugar en el no-tiempo.
Allí donde diría
si ahora me preguntas: *¿Ves fantasmas?*
Vivir ha sido amar luz en la herida.
Siempre vemos y no vemos fantasmas.

La poesía es mi ofrenda a los difuntos,
un jardín con espliego, un bosque de palabras.

LAS COSAS

LA camisa que ya no plancharás.
Los pendientes que quizá no te pongas.
La carta que tal vez no leas nunca.

Todo ahí en la casa de tus padres:
una lengua que ya no reconoces.

Pero todas las cosas, todas ellas:
la camisa, los pendientes, la carta
se apilan como corderos dóciles
sobre una balda de tu corazón.

Las sostienes, las miras, tal vez piensas:
fuisteis mías.
Tan solo un tiempo, en fin, os habité.

Vivir es bagatela.
Olvidar lo que fue. Desposeernos.
Restar con una tiza en la pizarra.

ENEAS

IGUAL que Eneas cuando huyó de Troya
y entre llamas cargó a su padre a hombros,
el viejo Anquises; y dio la mano
a su hijo, el pequeño Ascanio,
todos somos Eneas y cargamos
la herida de un amor a las espaldas.

LECCIÓN DE ANATOMÍA

ESTO que veis aquí, materia roja
apilada materia antes árbol
ahora apenas leña y después
fosforescencia humilde en la ceniza.

Esto que veis aquí, troncos ardidos,
nos enseña la herida de la luz.
Algo más esencial que la poesía:
una lección de anatomía humana.

Estuvimos y ahora perecemos.

No dejéis de mirarlos: contemplad
el asombro quemado de las cosas.
Una imagen extinta, en ella el oro
de lo amado primero y ya perdido.

Vivir es ver arder, como esos troncos
inservibles objetos calcinados
cartas viejas que se echan a la lumbre.

CRONOS

SI otra vez vuelves y agitas con fervor los dados,
si los remueves dentro en cualquier vida
y con ello trastocas un destino,
di: *solo era un niño*
di: *fue sin querer*
di: *tan solo jugaba.*

EL RÍO

EL río es misterioso: si lo miras
lo intuyes lo detectas.
Anuda el camino entre los cuerpos
el nacer y el morir, la claridad y lo oscuro.
Todo allí masa informe indistinta materia
flotante compasión de objetos muertos.

HÁGASE LA POESÍA

¿TENDRÁ razón quien piensa que la vida
nos seca el corazón y nos convierte
en termitas humanas?

Contra la indignidad del hundimiento,
hágase la poesía.

CEGUERA

DE la infancia salimos con los ojos vendados.
Nos la cubre la gasa misteriosa
de los días alegres y el asombro.
Pero nos la quitamos y caemos
y vivir se parece al sabor del jarabe
que bebimos de niños para curar la tos.

ORACIÓN DE LA LLUVIA

A Carmen Lucía, mi hija.

I

PORQUE no voy a salir de aquí.
Porque esta casa
es ahora refugio de la lluvia.
Porque en ella puedo
orar pedir por ti
hija aún en el vientre
hija toda de agua
porque te espero dentro
de esta conmoción que es darte vida
y sé que vendrás pronto
hilo blanco de lluvia.

Porque sé que mañana
quizá sea ya muy tarde
para escribir tu nombre
en un charco dorado
porque quizá ya estés

en mis brazos pequeños
escuchando la lluvia.

Por eso el tiempo es hoy
y el momento es ahora
y esta casa es mi ofrenda.
Hija toda de lluvia.
Hilo blanco de agua.

II

Hija, enséñame
a que me importe y a que no me importe
el curso de la vida.

Enséñame a esperar junto a esta lluvia.

III

En silencio en la casa
escucho la plegaria de la lluvia.
No es tu llanto ni aún estás aquí:
acuática materia.

IV

Para trenzar pasado a mi pasado
para anudarlo en oro hasta el presente
pediré hilo roto de lluvia.

Para contarte, hija, con mi voz de muchacha:
una vez fui feliz pero no tanto
como ahora que estás bendiciendo esta lluvia.

V

Mi abuela hablaba con la lluvia.
Escuchaba sus códices secretos.
Los mensajes del agua.

Le decía a la lluvia: la tristeza
no existe en esta casa. Aquí los hijos.
Se sentaba en la acequia y estudiaba
el vuelo de los pájaros.

Ahora heredo tarde esa promesa
que tal vez mi abuela escribió
al darme vida en las generaciones
al ser voz de la estirpe.

Hija, yo quisiera
legarte a ti el lenguaje de las flores.
Enseñarte a mirar
con los ojos antiguos de mi abuela
decirte sin apuro
la vida es una lágrima pero hay tanta belleza.
Mírala.

VI

En mi hija todavía en el vientre
veo la estirpe preciosa de mi abuela
el río que ahora baja a la memoria
desemboca en la acequia.

VII

Si pudiera besarte mientras duermes,
si pudiera tan solo
colarme entre tus párpados cerrados
acceder al abismo de tu cuerpo
pequeño envuelto en noche
y desde allí mirarte y contemplar
las galaxias del mundo,
ver la infancia de las constelaciones,
te diría despacio con palabras
parecidas al viento o a la lluvia:
acúnate en el quicio de mis ojos
nunca sepas que el mundo es una lágrima.

CANCIÓN

LAVA tus manos, madre, en el agua.
Hunde tus manos, madre,
en la breve canción del agua.
Desciende y tocarás cabellos blancos,
la belleza del cieno, la memoria.
Lava tus manos, madre, en el agua.
La abuela está en el agua.

PLEGARIA

PARA que entre en ti el agua y estés viva,
coge mi mano,
sujeta tu carne anciana
tu piel de la textura de las brevas
para que entre en ti el río
y seas de nuevo agua
y seas de nuevo tú
y otra vez tengas cuerpo
arterias y pulmones,
abuela, aquí me tienes
en mi casa de sol en esta luz
y allí te buscaría
donde acaba la acequia
en el camino de Dorothy que baja y baja
y baja y baja más hasta la acequia
allí, allí,
donde tú solo fueras
emanación de un río, apenas agua.

COPLA

ABUELA:
Nuestras vidas son los hijos
que van a dar a otro mar,
que es el vivir.
Allí están las alegrías
dispuestas a retoñar
y sonreír;
allí los recién nacidos,
allí también los ancianos
y más niños;
y llegados son iguales
los muertos hace años
y los vivos.

UNA VOZ

UNA voz en tu estómago me dice:
yo te voy a esperar en un día sin lluvia
con piscinas tranquilas donde vivir es dulce.
Aquí huele mucho a ropa recién lavada
a madre sin heridas.
Aquí nada es terrible:
hay estrellas y el prado de Isaac.

EPITAFIO

HOY hubieras cumplido noventa y siete años.
Me lo sé de memoria aunque mis ojos
vean el cómputo exacto entre los números
tallados en la lápida. Es febrero
y en la lluvia hay memoria de tus manos,
las mismas que desde hace tantos meses
no acarician con calma mi cabello
ni lo harán nunca más.

Pero sé, abuela, siempre en mí
que no habrá tristeza en tu recuerdo.
Hablarte y constatar
que existes más allá de espacio y tiempo
en la hija que aún llevo en el vientre.

Tú no la conociste, tu bisnieta.
La sostengo en mi carne:
lo más bello amarte en ella a ti.
Amar el mundo todo:
la semilla y su luz.

SEIS KILÓMETROS

HAY seis kilómetros de la casa de mis padres
a la tumba de mis abuelos.
Exactamente seis kilómetros.
Los he medido he puesto en comprobarlo
la vida que aún tengo.
Me gustaría contarle a mis abuelos
estamos cerca son solo seis kilómetros
pero quién mide las distancias
en el lado de allá insisto
me gustaría decirles
son solo seis kilómetros
os tengo aquí muy cerca
pero tampoco es exacto.
La distancia se mide con la sangre
con los lazos del cuerpo
y no pueden ser seis kilómetros.
Estáis en mí orbitando en mis venas
mi código genético.

HABITACIÓN CON MADRE E HIJA

MADRE carga en sus brazos con la estirpe
no es solo hija es canto en las entrañas
es también conmoción desvelo lumbre
y anotarás mi nombre en un cuaderno
y aquí he mecido en ti la vida toda.

Madre a veces tropieza con el miedo
zigzaguea la congoja no se atreve
a cruzar por el puente de los días
y los ojos se enturbian y algo triste
se unce en el temblor de la garganta.

Madre acuna a la hija ovillo de oro
y la duerme *ea ea* no descansa
heroína pequeña del hogar
habitación de carne o de misterio.

EL POEMA

HA acabado el verano y no has escrito
el poema que el tiempo prometía.
Lo intentaste. Miraste con ahínco
el sol atardeciendo, la clepsidra
de luz que se filtraba entre las copas
de los árboles siempre compasivos.

Compareciste un día y otro más
al canto de los pájaros.
Te quedaste callada muchas tardes
con los ojos cerrados y tus labios
sellaron la belleza en el silencio.

Pero nada llegó. Ni las palabras
se unieron en danza misteriosa.
Ni te inspiró la luz. Y pobres pájaros
tampoco ellos obraron el milagro.
No te culpes. No fue cruel el verano.

Regresaste a la casa de tu infancia.
Y dormía tu hija de seis meses.
Había misericordia en su mirada.
Y ahí estaba el poema.

ÍNDICE

ADONÁIS
COLECCIÓN DE POESÍA

Director: CARMELO GUILLÉN ACOSTA

ÚLTIMOS VOLÚMENES PUBLICADOS:

674.–Felicitas Casillo: EL CONTORNO DEL ROBLE (Accésit del Premio «Adonáis» 2019).

675.–Carlos Javier Morales: EL CORAZÓN Y EL MAR.

676.–Diego Roel: ANDRÉI RUBLIOV (Premio «Alegría» 2020).

677.–Daniel Cotta: ALUMBRAMIENTO.

678.–Abraham Guerrero Tenorio: TODA LA VIOLENCIA (Premio «Adonáis» 2020).

679.–Marta Jiménez Serrano: LA EDAD LIGERA (Accésit del Premio «Adonáis» 2020).

680.–Rodrigo Olay: VIEJA ESCUELA (Accésit del Premio «Adonáis» 2020).

681.–Ignacio Pérez Cerón: MÁRGENES DE ERROR (Accésit del Premio «Adonáis» 2020).

682.–José Manuel Gutiérrez: PAISAJES DE LA ALEGRÍA.

683.–José María Higuera: PROYECTO DE INTERIORISMO (Premio «Alegría» 2021).

684.–Nuria Ortega Riba: LAS INFANCIAS SONORAS (Premio «Adonáis» 2021).

685.–Andrés María García Cuevas: LAS CIUDADES (Accésit del Premio «Adonáis» 2021).

686.–Félix Moyano: LA DEUDA PROMETIDA (Accésit del Premio «Adonáis» 2021).

687.–Fernando García Moggia: CUÍDATE DEL AGUA MANSA (Premio Alegría 2022).

688.–Luis Escavy: VICTORIA MENOR (Premio «Adonáis» 2022).

689.–Irene Domínguez: PUREZA (Accésit del Premio «Adonáis» 2022).

690.–Lola Tórtola: LOS DIOSES DESTRUIDOS (Accésit del Premio «Adonáis» 2022).

691.–Rubén Martín Díaz: LÍRICA INDUSTRIAL (Premio Alegría 2023).

692.–María Paz Otero: LOS ATORMENTADOS. (Premio «Adonáis» 2023).

693.–Antonio Díaz Mola: EL AIRE DIVIDIDO (Accésit del Premio «Adonáis» 2023).

694.–Elisa Fernández Guzmán: DESPUÉS DEL POP (Accésit del Premio «Adonáis» 2023).

695.–Pedro Flores: NUESTRO NOMBRE ES PIEDRA (Premio «Alegría» 2024).

696.–Juan Herrero Diéguez: CARTOGRAFÍA DE NADIE (Premio «Adonáis» 2024).

697.–María Fernández Abril: CUENTOS TRADICIONALES (Accésit del Premio «Adonáis» 2024).

698.–Marcos Nogales: SALTO DE FE (Accésit del Premio «Adonáis» 2024).

699.–Julio Rodríguez: SEÑALES PARA FUTUROS ARQUEÓLOGOS (Premio «Alegría» 2025).

700.–Carmen María López: ORACIÓN DE LA LLUVIA (Premio «Adonáis» 2025).

Las obras que han obtenido el Premio «Adonáis» aparecen numeradas en negrita.

ESTA PRIMERA EDICIÓN DE
«ORACIÓN DE LA LLUVIA»,
DE CARMEN MARÍA LÓPEZ,
VOLUMEN 700 DE LA COLECCIÓN «ADONÁIS»,
PUBLICADA POR EDICIONES RIALP, S.A.,
MANUEL URIBE 13-15, MADRID,
SE ACABÓ DE IMPRIMIR EN ESTUGRAF S. L.,
CIEMPOZUELOS (MADRID),
EL DÍA 26 DE ENERO DE 2026.